Utah

Colorado

Mesa Verde ▲

la région des Four Corners

Chaco Canyon
▲

Hopi Mesas ▲

▲ Zia   ▲ Sandia

▲ Zuni

▲ Acoma

Arizona

Fleuve Rio Grande

Nouveau-Mexique

**Habitations amérindiennes:
le Sud-Ouest**

Maisons d'adobe

Bonnie Shemie traduit par Suzanne Lévesque

Livres Toundra (Québec)   GRANDIR (France)

© 1995 Bonnie Shemie
© 1995 Suzanne Lévesque, version française

Du même auteur:

Maisons de neige, de pierres et d'os: le Grand Nord
Maisons d'écorce: régions boisées de l'Est
Maisons de peaux et de terre: plaines de l'Ouest
Maisons de bois: côte Nord-Ouest du Pacifique

Publié au Canada par Livres Toundra, Montréal, Québec, H3Z 2N2 et aux
États-Unis par Tundra Books of Northern New York, Plattsburgh, N.Y. 12901.
Publié en France par les Éditions Grandir, 84100 Orange

Fiche de la Library of Congress (Washington): 93-61790

Données de catalogage avant publication (Canada)

Shemie, Bonnie, 1949-
        Maisons d'adobe : habitations amérindiennes du Sud-Ouest

ISBN 0-88776-331-6 (Canada)
ISBN 2-84166-014-1 (France)

Traduction de: Houses of adobe. ISBN 0-88776-330-8

    1. Indiens-Amérique du Nord-États-Unis (Nouveau Sud-Ouest)-
Habitations-Ouvrages pour la jeunesse. 2. Maisons en pierre-États-Unis
(Nouveau Sud-Ouest)-Ouvrages pour la jeunesse. 3. Maisons d'adobe-
États-Unis (Nouveau Sud-Ouest)-Ouvrages pour la jeunesse. I Titre

E78.S7S4314 1994   j392'.36'008997079   C94-900046-9

Imprimé à Hong Kong par South China Printing Co. (1988) Ltd.

Remerciements

L'auteure-illustratrice aimerait remercier Dr Karen Dohm, anthropologue
attachée au musée de la Smithsonian Institution à Washington D.C., et
Dr Katherine A. Spielman, professeure agrégée au département
d'anthropologie de l'Arizona State University à Tempe en Arizona pour
leurs commentaires, suggestions et conseils. Elle tient également à
souligner la précieuse collaboration du personnel du Chaco Culture
National Historic Park au Nouveau-Mexique, du Maxwell Museum of
Anthropology à Albuquerque au Nouveau-Mexique, du Mesa Verde
National Park au Colorado, du Taos Pueblo à Taos au Nouveau-Mexique et
des bibliothèques de l'Université McGill à Montréal.

Bibliographie

Ferguson, William et Rohn, Arthur H., Anasazi Ruins of the Southwest
    in Color, Albuquerque : University of New Mexico Press, 1987.
Houk, Rose, Anasazi, Hohokam, Mogollon, Salado, Sinagua, Tucson :
    Southwest Parks and Monuments Association, 1992.
Nabakov, Peter et Easton, Robert, Native American Architecture, New
    York : Oxford University Press, 1989.
Scully, Vincent, Pueblo : Mountain, Village, Dance, New York : Viking
    Press, 1975.
Sturtevant, William, éd., Handbook of North American Indians, vol. 9-10
    (Southwest), Washington D.C. : Smithsonian Institution Press,
    1978.

Le Sud-Ouest

Bien avant que le soleil n'éclairât le fond du canyon, les deux familles étaient parties. Il ne restait que des traces de leur feu de cuisson et des empreintes de pas dans le lit de la rivière asséchée. Chargés de peaux, d'armes et d'un peu de nourriture, les membres du petit groupe subsistaient en cueillant des plantes et en chassant. S'ils passaient près des canyons, ils s'abritaient sous les falaises en surplomb. S'ils traversaient la plaine rase, ils construisaient de petites huttes ou montaient des tentes.

Ce furent les premiers êtres humains à traverser les montagnes et plateaux du Sud-Ouest des États-Unis. Au fil des siècles, leurs descendants construisirent les habitations amérindiennes les plus durables et parmi les plus fascinantes qui soient en Amérique du Nord. Ils construisaient des maisons à même les parois escarpées des canyons ainsi que des villages ceinturés de vastes réseaux routiers. Ils moulaient l'argile en briques d'adobe et bâtissaient des habitations que partageaient plusieurs familles, comme nos immeubles d'appartements modernes.

Cette culture a pris racine dans la région des *Four Corners*, carrefour des États de l'Arizona, du Nouveau-Mexique, du Colorado et de l'Utah. Les plaines poussiéreuses étaient sillonnées de lits de rivières asséchées qui se ranimaient lors d'une crue éclair. Ces plaines laissaient abruptement place à des montagnes couronnées de neige ou à des plateaux découpés de profonds canyons. Les habitants de cette contrée à la fois ingrate et magnifique tiraient parti des matériaux à leur portée pour bâtir des abris qui nous étonnent par leur ingéniosité.

Le Sud-Ouest abrite des habitations parmi les plus durables d'Amérique.

Un village hopi surplombait les terres arides et accidentées de l'Arizona.

Les premiers Américains

Il y a douze mille ans, la région des Four Corners ressemblait un peu à la savane africaine d'aujourd'hui. Les premiers Américains y chassèrent probablement les mammouths, les bisons et les antilopes qui broutaient au bord de ses nombreux lacs et rivières, ainsi que du petit gibier comme le lapin. Peu à peu, la terre s'asségha, et les gros animaux terrestres quittèrent la région ou disparurent. Les gens s'adaptèrent. Ils se rabattirent sur le gibier plus petit et la végétation qui les entourait — nourrissantes amandes de noyaux, plantes médicinales et baies comestibles. Ils entreposaient cette nourriture dans des trous bordés de pierres creusés dans le plancher de leur caverne afin qu'elle soit à l'abri des variations saisonnières de température et hors de portée des animaux.

Il y a trois mille ans, les nomades et les commerçants des civilisations mexicaines remontèrent vers le nord. Ils apportèrent du maïs séché et montrèrent aux peuples du Sud-Ouest comment le cultiver, le récolter et le conserver. Une famille qui voulait cultiver le maïs devait rester au même endroit pendant au moins une partie de l'année. Les peuplades commencèrent à construire des habitations permanentes pouvant servir plusieurs années, plutôt que quelques nuits ou semaines.

Les archéologues ont appelé les premières habitations «maisons enterrées», parce que leur plancher, enfoncé à quelques pieds de profondeur dans le sol, formait un trou rond ou oblong. Au centre de celui-ci, on érigeait une solide charpente de bois qui soutenait les rondins du toit. On recouvrait ceux-ci de broussaille, puis d'une épaisse couche de terre. On entrait dans la maison par un étroit passage sur le côté ou en descendant une échelle passant par le trou à fumée à son sommet. Durant l'hiver, elle était un endroit confortable mais enfumé.

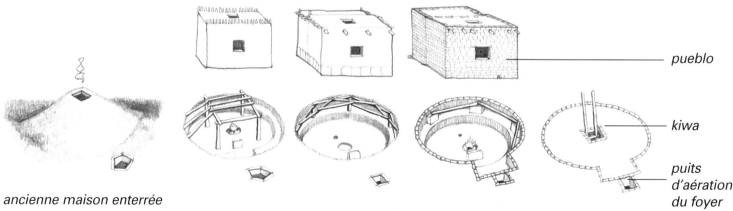

ancienne maison enterrée
(souterraine)

pueblo

kiwa

puits d'aération du foyer

Évolution de la kiwa et des habitations hors sol (pueblo)

Les habitations hors sol

Vers l'an 700 de notre ère, l'habitat était entouré de champs de courges, de haricots et de maïs. Les garçons protégeaient les champs contre les corbeaux affamés, tout en ramassant du bois de chauffage. Les hommes étaient partis à la chasse. Dans l'ombre de la maison enterrée, une enfant broyait de petits morceaux d'argile qu'elle et sa mère avaient ramassés pour faire de la poterie. Un ragoût mijotait sur le feu. La mère écalait des noix de pin et des glands et les déposait dans un panier de fibres de yucca tressées. La grand-mère étalait des baies de genévrier au soleil pour les faire sécher. Elle conservait les aliments séchés dans une petite salle d'entreposage hors sol aux murs de pierre et de bois colmatés avec de la boue d'argile.

Ces gens réalisèrent bientôt qu'ils pouvaient vivre dans ces salles d'entreposage. Ils commencèrent à les construire en rangées, ajoutant parfois d'autres pièces à l'arrière. Plus tard, ils les ont empilées les unes sur les autres comme des boîtes.

On n'a pas abandonné les maisons enterrées. Devant chaque rangée de maisons, on trouvait une ou deux de ces pièces souterraines. Elles servaient de lieux de rassemblement ou de salles de cérémonie pour les membres d'un groupe de parents, ou clan. Par temps froid, tous les habitants y dormaient probablement, enveloppés dans des couvertures de lapin ou de plumes. Appelées kiwas, ces pièces sont encore utilisées comme lieux de rassemblement de nos jours.

Plus tard, lorsque les Espagnols virent ces habitats, ils les appelèrent pueblos, ou villages, étant donné leur ressemblance avec leurs propres maisons et cours intérieures.

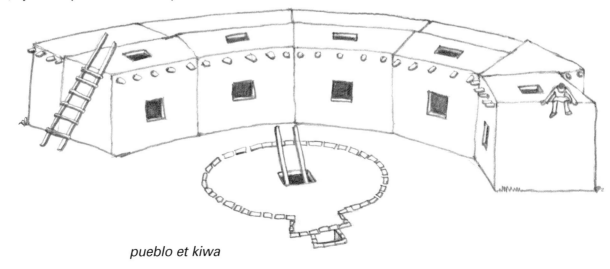

pueblo et kiwa

À Chaco Canyon, une «grande maison» de 800 pièces abritait 1 000 personnes.

Un réseau routier de 400 milles reliait ces habitations aux villages éloignés.

Les grandes maisons de Chaco Canyon

Vers l'an 800, les peuples du Sud-Ouest commencèrent à perfectionner leurs outils de chasse, à domestiquer les dindes et à fabriquer de la poterie qui chauffait rapidement. Ils ajoutèrent aussi des plantations de coton à leurs vastes champs de maïs, de courges et de haricots. Ces progrès entraînèrent une poussée démographique et un essor de la construction.

Il en résulta une architecture qu'on peut encore voir aujourd'hui dans une région éloignée du Nouveau-Mexique appelée Chaco Canyon. Vers l'an 900, les gens se mirent à construire d'immenses structures en pierres appelées «grandes maisons».

La plus grande, Pueblo Bonito, qui compte 800 pièces et 32 kiwas, pouvait loger 1 000 personnes. D'habiles maçons en avaient construit les murs, hauts de quatre étages et d'une épaisseur de quatre pieds à la base.

Il s'agissait de villages planifiés dont la construction prenait des années. Un réseau routier de 400 milles reliait les grandes maisons du canyon aux villages éloignés. Ce réseau demeure une réalisation impressionnante : ses routes sont droites, parfois creusées à cinq pieds de profondeur dans la terre ou l'assise rocheuse. Certaines ont des bordures en maçonnerie, tandis que d'autres comportent des marches taillées à même les parois en roc massif de la vallée.

Ces routes semblent avoir relié plusieurs endroits. Chaco Canyon aurait été la plaque tournante d'un vaste réseau de troc si on en croit les objets qu'on y a trouvés: poterie peinte issue d'autres régions, ornements de coquillages de la côte du Pacifique, cloches de cuivre du Mexique et dépouilles d'oiseaux tropicaux.

poterie de Chaco Canyon   *bol rituel*   *récipient culinaire (fond gaufré accroissant la surface de chauffe)*

Cadran solaire

On vient à peine de découvrir un autre type de connaissances que possédaient les habitants de Chaco Canyon. Ignorées pendant mille ans, ces connaissances furent observées sur deux pétroglyphes se trouvant sur la butte Fajada, à l'extrémité du canyon. Un pétroglyphe est une gravure rupestre exécutée à la main en martelant la surface d'un bloc rocheux avec une pierre dure. En 1977, un artiste qui examinait ces pétroglyphes constata que deux spirales, une petite et une grande, représentaient le cycle annuel du soleil.

C'était le premier jour de l'été, et il était environ midi. L'artiste vit un faisceau de lumière éclairer le centre de la plus grande spirale pendant environ 18 minutes. Le soleil était à son zénith. Ainsi, il y a des milliers d'années, quelqu'un avait su reconnaître le jour le plus long et le jour le plus court de l'année. Il ou elle avait ingénieusement gravé les spirales sur la face arrière d'immenses dalles de grès détachées afin d'indiquer les solstices d'été et d'hiver, ainsi que les équinoxes du printemps et de l'automne (les deux journées de l'année où le jour et la nuit durent douze heures).

Au XIIe siècle, les peuplades commencèrent à quitter Chaco Canyon, et au début du XIIIe siècle, la région fut complètement désertée. La population s'était accrue. La culture excessive et la sécheresse avaient épuisé le sol. Les gens durent se déplacer.

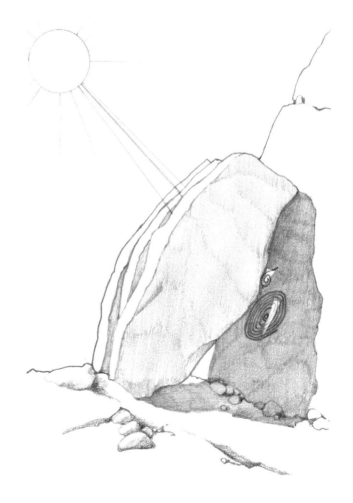

Sur la butte Fajada, à Chaco Canyon, les rayons du soleil éclairent un ancien cadran solaire durant l'équinoxe d'automne, une des deux journées où le jour et la nuit durent douze heures.

D'étroits sentiers creusés dans les parois escarpées des canyons du Colorado

rendaient le trajet périlleux mais protégeaient les habitations contre l'ennemi.

Les habitations des falaises de Mesa Verde

Les habitations des falaises du Colorado sont encore plus étonnantes que les grandes maisons du Nouveau-Mexique. Du sommet d'une mesa dominant un canyon de plusieurs centaines de pieds de profondeur, on peut apercevoir les maisons creusées dans la paroi opposée de la falaise.

Pourquoi les gens construisaient-ils leur maison dans des endroits aussi dangereux? Pourquoi s'acharner à transporter les vivres sur des sentiers aussi périlleux? Parce que l'emplacement, bien que dangereux et difficile d'accès pour eux, l'était encore plus pour l'ennemi. En cas d'attaque, il était facile de défendre ou de bloquer ces sentiers étroits, certains se résumant à des prises de pieds creusées dans le roc. Autre avantage, le surplomb de la falaise les protégeait contre les intempéries.

Une des habitations des falaises les mieux conservées s'appelle Spruce Tree House. Elle compte 114 pièces et huit kiwas. Les kiwas étaient des pièces circulaires entièrement souterraines dont le toit servait de cour. On aménageait une, deux ou trois pièces habitables sur leur pourtour. Certaines des petites entrées étaient plus larges en haut qu'en bas, de façon à ce qu'une personne portant un fardeau sur son dos puisse y passer. Parfois dotées d'un balcon, les pièces se trouvant à l'étage étaient accessibles par une échelle. On cultivait les terres se trouvant juste au-dessus de l'habitation. Contrairement aux villages de Chaco Canyon, ceux de Mesa Verde n'étaient pas planifiés, les pièces étant ajoutées et modifiées au hasard.

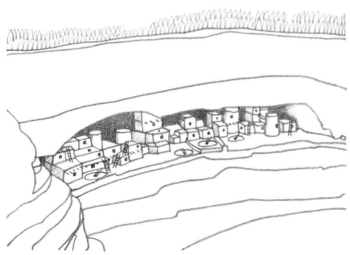

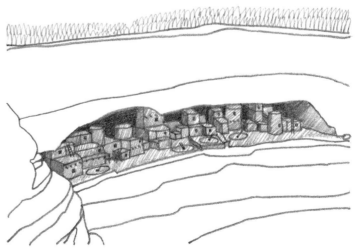

l'hiver — à midi (le village est ensoleillé)

l'été — à midi (le village est ombragé)

La conservation de l'eau en pays aride

Les habitants des falaises ont imaginé plusieurs moyens ingénieux pour conserver l'eau. Il pleuvait rarement mais lorsqu'il pleuvait, les orages étaient souvent courts et violents. On construisait de petits barrages au sommet des mesas afin de capter et de canaliser l'eau de crue. L'eau qui n'était pas absorbée par les cultures filtrait à travers le grès poreux du sous-sol. Lorsqu'elle atteignait le schiste, l'eau déviait vers une ouverture qu'on avait creusée dans la paroi du canyon pour former une source. Les familles dont le terrain comportait une source avaient de la chance. Les autres devaient parcourir de longues distances sur des sentiers escarpés.

Les habitations de Mesa Verde furent occupées pendant environ cinq générations avant d'être abandonnées vers l'an 1300. Une sécheresse qui dura 25 ans avait épuisé le sol. La région avait été rasée de toute végétation par la coupe des arbres et des broussailles servant de combustible. Les gens furent forcés de quitter la région.

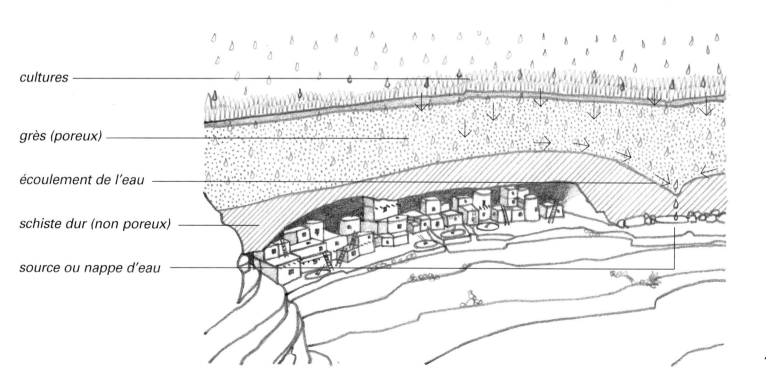

cultures

grès (poreux)

écoulement de l'eau

schiste dur (non poreux)

source ou nappe d'eau

16

Lors de la construction du pueblo, les femmes érigeaient les murs de pierres et

de briques d'adobe puis les plâtraient, et les hommes posaient les rondins du toit.

Le pueblo

Après leur abandon, les villages de Chaco Canyon et les habitations des falaises de Mesa Verde furent oubliés pendant des siècles. Les arbres du canyon avaient poussé et camouflé les habitations des falaises. Les poutres des toits avaient pourri, les murs de pierres s'étaient effondrés, et les parois des canyons s'étaient affaissées. Vers 1540, la plupart des Indiens s'étaient regroupés dans des pueblos au bord du Rio Grande, dans le centre-nord du Nouveau-Mexique, à Zuni et à Acoma, ou sur les mesas hopis. Leurs villages se composaient de grands immeubles d'appartements, d'un à cinq étages, construits autour d'une plaza.

Dans un pueblo hopi, les pièces où les gens vivaient, dormaient et préparaient la nourriture donnaient généralement vers l'extérieur. Les pièces intérieures, moins accessibles, servaient à l'entreposage. Les ouvertures pratiquées dans les murs et les planchers reliaient les pièces habitées par les membres d'une même famille. Chaque clan, constitué d'un groupe de familles apparentées, possédait une kiwa dans le village ou à proximité de celui-ci.

Construction d'une maison d'adobe

Nous savons qu'il y a environ 150 ans, les maisons appartenaient aux femmes. Après son mariage, l'époux emménageait avec la famille de sa femme. Lorsque le couple décidait de construire sa propre maison, il choisissait un emplacement près de la maison de la mère ou de la sœur de la femme. L'époux partait alors en forêt, avec ses parents et amis, pour couper les rondins du toit.

La femme confectionnait des briques pour les murs. Elle faisait d'abord un feu d'armoise et de laiche, deux plantes qui poussent en abondance dans le Sud-Ouest. Une fois le feu quasi consumé, elle l'aspergeait d'eau et mélangeait de l'argile sablonneuse pour faire des briques. Celles-ci durcissaient au soleil et donnaient un matériau de construction appelé adobe. La construction commençait par un rituel. Un aîné du village plaçait des plumes sacrées sous chaque pierre angulaire de la nouvelle maison et récitait une prière implorant la sécurité de ses habitants. Ensuite, il saupoudrait de la farine de maïs sur les endroits où seraient érigés les murs et entonnait un chant traditionnel.

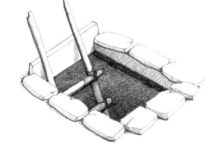

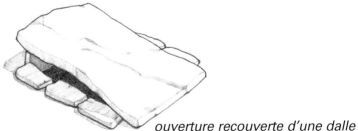

ouverture recouverte d'une dalle pierre protégeant de la pluie ou de la neig

descente pluviale   *ouverture du toit*

Les femmes se chargeaient de presque toute la construction et de tout le plâtrage. Les hommes aidaient aux gros travaux. On empilait des briques de pierre ou d'adobe en utilisant la plus petite quantité possible de mortier. On insérait de petites pierres entre les grosses pierres en les martelant délicatement en place afin d'obtenir un mur aussi lisse que possible.

Les hommes plaçaient les gros rondins du toit sur les murs. On les recouvrait de plus petits poteaux et de broussaille, puis de boue. On ajoutait ensuite un petit mur, ou parapet, sur le pourtour du toit en vue de l'évacuation de l'eau de pluie. On installait des descentes pluviales, fabriquées à partir d'une vieille pierre de meule, de poterie cassée ou d'un morceau de bois concave, afin que l'eau s'écoule durant les averses.

Les briques d'adobe pouvaient se fissurer et se détacher pendant les violentes tempêtes de pluie du Sud-Ouest. Il fallait les entretenir et les réparer continuellement. Les femmes devaient les replâtrer tous les deux ou trois ans. Les femmes utilisaient une peinture blanche composée de gypse réduit en poudre et d'eau. Elles laissaient une bande à découvert, comme une plinthe, au bas du mur, là où il était impossible à nettoyer à cause de la poussière du plancher. Certains des anciens pueblos sont encore habités aujourd'hui. Le pueblo hopi d'Old Oraibi, en Arizona, est occupé depuis les années 1150. C'est le plus vieux village habité sans interruption aux États-Unis.

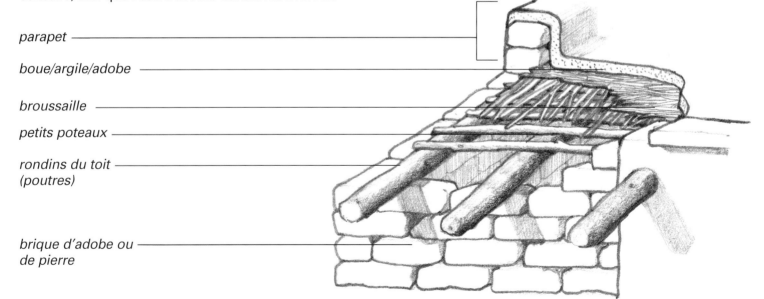

parapet

boue/argile/adobe

broussaille

petits poteaux

rondins du toit (poutres)

brique d'adobe ou de pierre

Premier immeuble d'appartements d'Amérique, le pueblo logeait des

communautés entières. On ajoutait des pièces à mesure que la famille s'élargissait.

À l'intérieur du pueblo

Si vous aviez visité l'un de ces pueblos il y a 200 ans, vous y seriez entré en gravissant une échelle jusqu'à la terrasse de l'étage. On ne perçait aucune porte au rez-de-chaussée afin de protéger le pueblo contre les intrus. Lors d'une attaque, il suffisait de remonter l'échelle. De la terrasse ensoleillée, vous seriez passé dans une pièce éclairée uniquement par la lumière entrant par la petite porte. Les pueblos comportaient peu d'ouvertures afin de garder la température stable, ni trop chaude en été, ni trop froide en hiver. Durant l'hiver, les fenêtres étaient recouvertes de plaques de sélénite, un type de gypse translucide qui laisse filtrer le soleil. Lorsqu'il faisait très froid, on scellait complètement les ouvertures.

Un récipient culinaire noirci reposait dans un foyer en coin. Au-dessus de celui-ci, une hotte et une cheminée aspiraient la fumée. Les feux étaient petits par nécessité. Comme le conduit de la cheminée était fait de poteaux recouverts d'argile, il ne devait pas surchauffer. En outre, le bois étant rare, il fallait l'utiliser parcimonieusement.

La pièce était simple et ordonnée. Une saillie du plancher bordant deux de ses murs servait d'étagère. Les couvertures qu'on avait étendues sur le plancher pour la nuit étaient pliées sur l'une des étagères. Sur l'autre, on avait déposé les ustensiles de cuisine : louches à courges, balais de bruyère, ainsi qu'un mortier et un pilon servant à broyer le grain et les noix. On avait rangé la vaisselle propre dans un enfoncement ménagé dans le mur. Une grosse cruche d'eau fraîche se trouvait dans un autre coin. Les vêtements étaient repliés sur une tringle fixée au mur. Une porte s'ouvrait sur la pièce où on moulait le maïs. Une autre ouverture au milieu de la pièce menait à une salle d'entreposage sombre et fraîche sous le plancher.

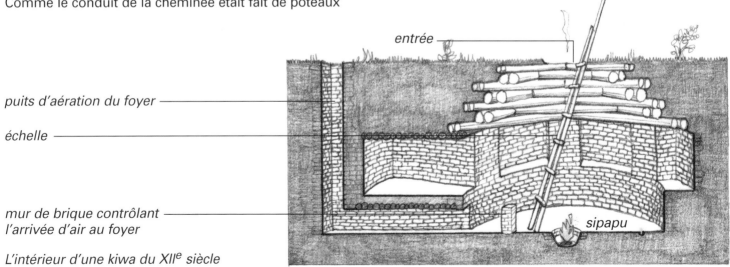

entrée

puits d'aération du foyer

échelle

mur de brique contrôlant
l'arrivée d'air au foyer

sipapu

L'intérieur d'une kiwa du XIIe siècle

Les kiwas

La kiwa était le lieu de cérémonie du village. On voyait les hommes et les garçons gravir et descendre son échelle à longueur de journée; ils s'y réunissaient pour tisser, fumer, discuter, s'adonner à des rites compliqués et fabriquer des costumes de cérémonie. En général, les kiwas étaient réservées aux membres masculins du clan, mais les filles et les femmes étaient admises dans certaines d'entre elles.

Les Hopis du Nord-Est de l'Arizona construisaient des kiwas rectangulaires. Un tiers du plancher était surélevé comme une scène. On permettait parfois aux femmes et aux visiteurs de s'y asseoir pour assister aux cérémonies. Les murs étaient enduits de plâtre, et la pièce était chauffée par un poêle à bois.

Le trou de quelques pouces de diamètre creusé dans le plancher s'appelait sipapu. Il représentait l'ouverture où les ancêtres du pueblo, guidés par les esprits, avaient émergé à la surface. Selon leurs croyances, c'est ainsi que les êtres humains étaient venus habiter la terre. Aujourd'hui, comme par le passé, la kiwa et le sipapu sont des lieux ayant une vocation religieuse aussi sacrée que ceux d'autres religions. On peut identifier les kiwas par leur longue échelle qui se dresse haut dans le ciel. Elle symbolise le lien entre le présent et les enfers.

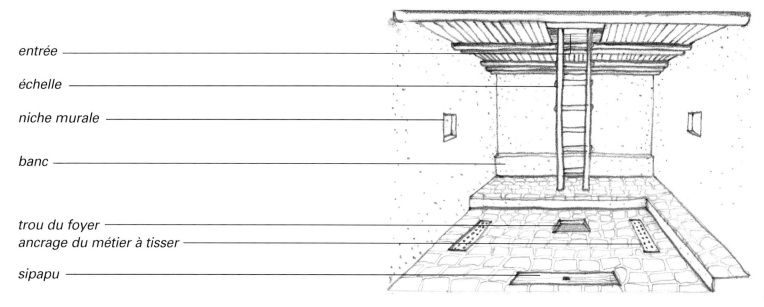

entrée

échelle

niche murale

banc

trou du foyer
ancrage du métier à tisser

sipapu

Bien des gens ont quitté les anciens pueblos afin de se rapprocher de leur lieu de travail et des écoles. Ceux qui y vivent encore ont maintenant l'électricité, des fenêtres vitrées et une voiture à la porte. Au fil des siècles, ils ont subi maintes influences, dont celles des Espagnols, des missionnaires catholiques, des Blancs américains et d'autres peuples autochtones. Par contre, les réalisations de leurs ancêtres demeurent une source d'inspiration qui les incite à perpétuer leurs traditions sacrées.